Inhalt

Technische Kunststoffe – Wachstumsmärkte mit raffinierten Einsatzmöglichkeiten

Kernthesen

Beitrag

Fallbeispiele

Zahlen und Fakten

Weiterführende Literatur

Impressum

Technische Kunststoffe - Wachstumsmärkte mit raffinierten Einsatzmöglichkeiten

Autor GENIOS BranchenWissen: A.Schneider

Kernthesen

- Die deutschen Kunststofferzeuger sind mit dem bisherigen Verlauf des Jahres zufrieden die Umsätze konnten im ersten Halbjahr 2007 um 9,6 Prozent, die Produktion um 7 Prozent gesteigert werden.
- Standard-Kunststoffe werden auch zukünftig die größte Materialgruppe darstellen und mittelfristig mit rund 5 Prozent pro Jahr wachsen. Ein leicht stärkeres Wachstum von bis zu 7 Prozent erwartet die Branche für die technischen

Kunststoffe.
- Rund 20 Prozent der Anwendungen von Acrylnitril-Butadien-Styrol (ABS) liegen im modernen Automobilbau. Der größte Anwendungsbereich für Polycarbonat sind mit 32 Prozent die optischen Datenspeicher, also CDs, DVDs sowie künftig HD-DVDs und Blu-Ray Discs.

Beitrag

Der Einsatz moderner technischer Kunststoffe wie Styrol-Copolymerisate, Polycarbonat und PC-Blends dürfte unter anderem die Autofans begeistern von Styrolkunststoff-Blends in der hochwertigen Seitenwand des neuen BMW 3er Coupé über PC und PC-Blends bei dem 1,1 Quadratmeter großen hinteren Dachmodul des Mercedes-Benz GL und dem Panoramadach des neuen Smart fortwo bis hin zum neuen selbst leuchtenden Nummernschild (SLN) von 3M.

Deutsche Kunststofferzeuger mit dem bisherigen Jahresverlauf zufrieden

Die Kunststoffbranche insgesamt besteht aus Kunststofferzeugern, -verarbeitern und -maschinenbauern. Im Jahr 2006 machte sie in Deutschland mit rund 3 570 Unternehmen einen Umsatz von mehr als 79 Milliarden Euro. Sie beschäftigte direkt 373 000 Menschen.

Mit dem bisherigen Verlauf des Jahres sind die deutschen Kunststofferzeuger zufrieden. Die Umsätze stiegen im ersten Halbjahr 2007 um 9,6%, die Produktion 7%.

2006 lag der Gesamtumsatz mit Kunststoffen in Deutschland mit 22,2 Milliarden Euro um 6,1% höher als im Vorjahr. Die Produktion stieg 2006 insgesamt um 2,7% auf 18,5 Millionen Tonnen.
Deutschlands Kunststoffproduzenten exportierten 2006 insgesamt 12,6 Millionen Tonnen im Wert von 18,7 Milliarden Euro. Zwei Drittel in die Länder der Europäischen Union (EU25). Die Importquote betrug rund 45%. 8,1 Millionen Tonnen im Wert von 11,4 Milliarden Euro wurden letztes Jahr importiert. Rund 88,8% kamen aus der EU.

Weltweit wurden 2006 rund 245 Millionen Tonnen Kunststoff produziert vor 30 Jahren lag das Volumen noch bei nur 50 Millionen Tonnen. Europa hat daran mit rund 60 Millionen Tonnen einen Anteil von knapp 25%. Deutschland wiederum hat einen Anteil am

Weltmarkt in Höhe von 7% und ist damit nach Asien und den USA die Nummer drei der Kunststofferzeuger.

Für die kommenden Jahre erwartet die Branche jährliche Wachstumsraten in Höhe von rund 5%. Die größte Wachstumsregion wird Osteuropa (7% p.a.) sein, gefolgt von Asien (5-6% p.a.), Lateinamerika (4% p.a.) und Westeuropa (3,6% p.a.). Für 2010 wird ein weltweiter Kunststoffverbrauch in Höhe von 255 Millionen Tonnen prognostiziert. [Abb.1]

Nach wie vor ist die Verpackung der wichtigste Einsatzbereich für Kunststoffe in Deutschland. Jede dritte Tonne Kunststoff, die hierzulande verbraucht wird, wird zu Bechern, Kanistern, Folien, Tüten und Ähnlichem verarbeitet. Unverändert liegt die Baubranche auf Rang 2 mit einem Anteil von rund 25%. Mit großem Abstand folgen die Automobilindustrie (9%) und die Elektro- und Elektronikindustrie (7%).

Standardkunststoffe weiterhin mit größtem Volumen, technische Kunststoffe stärker wachsend

Standard-Kunststoffe wie PVC, Polyethylen (PE), Polypropylen (PP), Polystyrol (PS) und Polyethylenterephthalat (PET) werden auch zukünftig die größte Materialgruppe darstellen und mittelfristig mit rund 5% pro Jahr wachsen. Ein leicht stärkeres Wachstum erwartet die Branche für die technischen Kunststoffe. So werden für Acrylnitril-Butadien-Styrol-Copolymer (ABS), Acrylnitril-Styrol-Acrylester-Copolymer (ASA), Styrol-Acrylnitril-Copolymer (SAN) eine Wachstumsrate von knapp unter 5% erwartet, für Polycarbonat (PC) etwa 7%. Technische Kunststoffe sind vor allem für den Automobilbau, die Industrie und die Medizintechnik von zunehmender Bedeutung. (1), (2)

Styrol-Copolymerisate (ABS, SAN, ASA, MABS) hochwertige Seitenwand des neuen BMW 3er Coupé

Im Jahr 2006 machten Styrol-Copolymerisate rund 3% des Kunststoffmarkts von rund 245 Millionen Tonnen aus. Die weltweite Produktionskapazität betrug 9,3 Millionen Tonnen, der Verbrauch lag bei 7,1 Millionen. Die größte Verbrauchsregion ist Asien

(70%) - China hat sich hier zum größten Abnehmer entwickelt, Japan ist inzwischen gesättigter, Indien und andere Schwellenländer sind im Kommen. ABS ist inzwischen weitgehend zum Commodity geworden, MABS, ASA und ABS-Blends zählen hingegen zu den Spezialitäten. Das weltweite Wachstum des Markts für ABS, SAN, ASA und Spezialitäten wird für die kommenden Jahre auf rund 5% p.a. geschätzt und liegt damit etwa auf dem Niveau, das für den gesamten Kunststoffmarkt angenommen wird.

Acrylnitril-Butadien-Styrol (ABS) hat den mengenmäßig größten Anteil, 6 Millionen Tonnen wurden im vergangenen Jahr verbraucht. Haupteinsatzfelder für ABS sind mit 50% Geräte und Gehäuse wie zum Beispiel der Kühlschrank-Innerliner. 20% der Anwendungen liegen im Automobilbereich, 7% Elektro-/Elektronik, 4% Rohre und Verschraubungen, man braucht es aber auch für Verpackungen und Sportgeräte. [Abb.2] Weltmarktführer ist die Chi Mai Corporation, auf Rang 2 liegt die LG Group, auf Rang 3 das Joint Venture von Lanxess und Ineos. Ebenfalls unter den Top 10 liegen BASF, Formosa Plastic Group, Dow, Toray, GE Plastics/Sabic und Cheil Industries.

Styrol-Acrylnitril-Copolymerisat (SAN) ist hingegen noch ein vergleichsweise kleines Segment mit einem weltweiten Volumen von rund 700 000 Tonnen. Allerdings rechnet man mit einem fortgesetzten Wachstum von rund 6%. Es ist sehr öl- und chemikalienbeständig, transparent und brilliant. BASF engagiert sich stark im SAN-Bereich, hat das Geschäft von Lanxess übernommen und führt auch das von Repsol (Polidux) aus. Angewendet wird SAN zum Beispiel bei der Herstellung von Hausschlüsseln, Leuchten und Design-Möbeln.

Auch im Styrolkunststoff-Spezialitäten (Blends, MABS und ASA) ist BASF tätig. Bestimmte Blends zeichnen sich beispielsweise durch eine hohe Schlagzähigkeit und hervorragende Abbildungsqualität aus. Dadurch eignen sie sich beispielsweise für die Produktion von Automobilinnenraum-Bauteilen, die ohne Lackierung mit einer hochwertig anmutenden, matten Oberfläche aufwarten sollen. Fahren Sie das neue BMW 3er-Coupé? Blicken Sie mal auf Ihre Seitenwand sie besteht aus einem online-lackierbaren (PA+ABS)-Blend von Lanxess.
MABS ist ein transparentes Styrol-Copolymerisat, wird derzeit in Europa ausschließlich von BASF hergestellt und inzwischen häufig in medizintechnischen Anwendungen eingesetzt. ASA ist zunehmend dort gefragt, wo es auf sehr gute Bewitterungseigenschaften ankommt, beispielsweise im Bau und bei Automobil-Außenbauteilen, etwa in

Kühlerabdeckungen und Spiegelgehäusen. (3)

Polycarbonat (PC) gute Aussicht durchs Panoramadach des neuen Smart fortwo

Der größte Anwendungsbereich für Polycarbonat sind mit einem Anteil von 32% die optischen Datenspeicher (ODS), also CDs, DVDs sowie künftig HD-DVDs und Blu-Ray Discs. Allein von 2000 bis 2006 ist der Verbrauch von PC für CD- und DVD-Formate mit durchschnittlichen jährlichen Wachstumsraten von über 15% auf fast 930 000 Tonnen pro Jahr gestiegen. [Abb.3]

Dahinter liegen die Bereiche Elektro/Elektronik und Bau mit 23 bzw. 13%. So hat Bayer MaterialScience verschiedene flammgeschützte (PC+ABS)-Blends und PC-Varianten entwickelt, die für Fernseher und IT-Geräte eingesetzt werden können. Wegen seiner Transparenz und Lichtdurchlässigkeit liegen neue Einsatzgebiete für PC in LCD-Bildschirmen, in neuen Lichtquellen wie LEDs, sie werden auch in Straßenlaternen, Werbetafeln und in der Gebäudebeleuchtung zum Einsatz kommen. Großes Potenzial haben PC-Folien in organischen

lichtemittierenden Dioden (OLEDs). Diese gelten in der Beleuchtungsindustrie als Lichtquelle der Zukunft.
Das Dach des neuen Olympiastadions in Shenyang bei Peking mit etwa 20 000 Quadratmeter Dachfläche wird aus den speziell für diesen Einsatz entwickelten PC-Stegplatten Makrolon Multi UV 3X/25-25 ES bestehen. Sie bieten eine sehr geringe Durchbiegung unter Last.

Auf zusammen 15% kommen die Branchen Automobil, Verpackung und Medizin.
Polycarbonat wird bei der modernen Automobilverscheibung verwendet beispielsweise bei dem 1,1 Quadratmeter großen hinteren Dachmodul des Mercedes-Benz GL und dem Panoramadach des neuen Smart fortwo. PC und PC-Blends werden für Motorhauben, Kofferraumdeckel, galvanisierte Türinnengriffe und Displays eingesetzt. Rund 95 % aller Scheinwerferstreuscheiben bestehen mittlerweile aus PC. Der jährliche PC-Verbrauch für diese Anwendung liegt bei über 60 000 Tonnen.
Eine neue Anwendung von PC/PC-Blend-Folien im Karosseriebereich ist das neue selbst leuchtende Nummernschild (SLN) von 3M.
Bei Bauteilen für die Inneneinrichtung von öffentlichen Transportmitteln wie zum Beispiel Dachabdeckungen, Armlehnen, Sitzschalen und Seitenverkleidungen werden immer mehr (PC+ABS)-

Halbzeuge verwendet. Weitere Beispiele sind PC-Halbzeuge für Sicherheitsverglasungen (schusssichere Scheiben, hurrikansichere Scheiben). Dank der Bruchsicherheit von PC werden zunehmen mehr Glasscheiben in öffentlichen Verkehrsmitteln wie Eisen- und Straßenbahnen durch PC-Scheiben ersetzt.
5-Gallonen-Wasserflaschen für Trinkwasser aus PC werden vor allem in Asien und Entwicklungs- und Schwellenländern verwendet.
In der Medizin finden sich Mikropinzetten und -scheren für die Augenchirurgie aus PC.

Weltmarktführer unter den PC-Herstellern ist Bayer MaterialScience mit einer Jahreskapazität von 1,2 Millionen Tonnen. Saudi Basic Industries Corp (Sabic) wird nach Übernahme des Kunststoffgeschäfts von General Electric zu einem der größten PC-Produzenten aufsteigen. Weitere Hersteller sind Chi Mei-Asah, Formosa Idemitsu Petrochemical Corp. und LG-Dow.

Im vergangenen Jahr wurden rund 2,9 Millionen Tonnen, in diesem Jahr schon rund 3,15 Millionen Tonnen Polycarbonat verbraucht. Über die Hälfte davon geht allein auf das Verbrauchskonto von Asien, 25% auf das von Europa und 20% auf das von Nordamerika.
Der Weltmarkt für Polycarbonat soll in den nächsten

Jahren um jährlich rund 8% wachsen. Überdurchschnittlich expansiv wird auch hier der chinesische Markt sein mit Wachstumsraten von über 10%. (4)

Fazit

Technische Kunststoffe sollen im Automobilbereich zu mehr Sicherheit bei weniger Gewicht beitragen. Elektro-, IT- und Hausgeräteindustrie fragen vermehrt flammgeschützte Kunststoffe für transparente Bauteile nach. Und in der Medizintechnik sind immer kleinere, aber höchst belastbare Geräte und Instrumente gefragt.

Fallbeispiele

BASF

, Weltmarktführer im Chemiegeschäft, will sich aus dem margenschwachen Geschäft mit Styrol-Standardkunststoffen zurückziehen. Als

Hauptinteressent für diese Sparte mit gut drei Milliarden Euro Umsatz gilt der Kunststoffhersteller Basell. (5)

Bayer MaterialScience

baut 1 500 Stellen ab und will bis 2009 jährlich 300 Millionen Euro einsparen. Bayer will die Ertragskraft dieser Sparte stärken. Dennoch zeigte sich der Konzernchef mit dem Jahresverlauf nach Vorlage der Zahlen für das dritte Quartal zufrieden. (6)

Sabic

, mit einem Börsenwert von rund 180 Milliarden Dollar der teuerste Chemiekonzern der Welt, hat im Mai die Übernahme des US-Unternehmens GE Plastics für 11,6 Milliarden Dollar verkündet. (7)

Zahlen & Fakten

Weltkunststoffverbrauch 2010

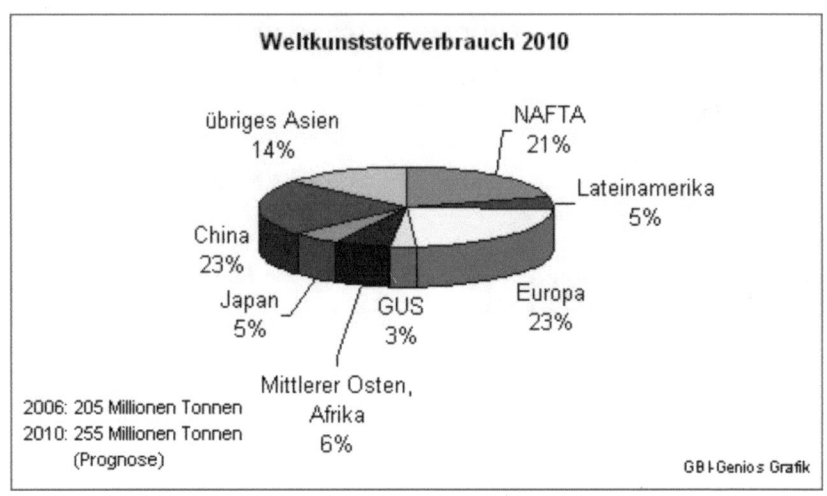

Quelle: Plastics Europe Deutschland e. V.

Entnommen aus: Kunststoffe 10/2007

Weltweite ABS-Anwendungen im Jahr 2006

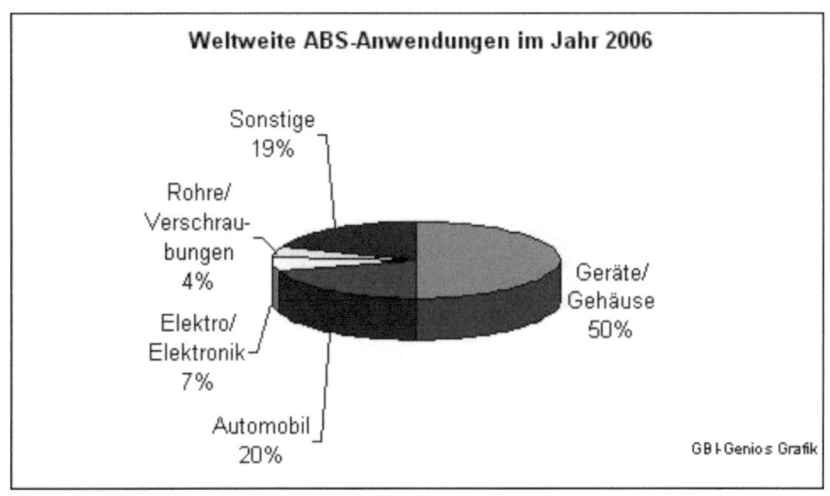

Quelle: Plastics Europe Deutschland e. V.

Entnommen aus: Kunststoffe 10/2007

Weltweite Polycarbonat-Anwendungen im Jahr 2006

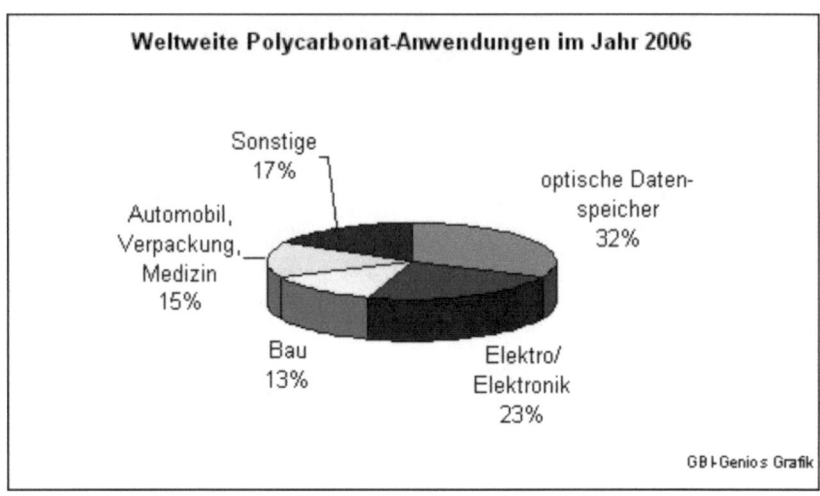

Quelle: Plastics Europe Deutschland e. V.

Entnommen aus: Kunststoffe 10/2007

Weiterführende Literatur

(1) Eine starke Branche
aus Kunststoffe - Werkstoffe, Verarbeitung, Anwendung, Heft 10/2007, S. 44-47

(2) Energieeffizienz wird immer wichtiger
aus Kunststoffe - Werkstoffe, Verarbeitung, Anwendung, Heft 9/2007, S. 138-142

(3) Styrol-Copolymerisate (ABS, SAN, ASA, MABS)
aus Kunststoffe - Werkstoffe, Verarbeitung,

Anwendung, Heft 10/2007, S. 88-92

(4) Polycarbonat (PC) und seine Blends
aus Kunststoffe - Werkstoffe, Verarbeitung,
Anwendung, Heft 10/2007, S. 100-110

(5) BASF erhöht die Gewinnprognose
aus Handelsblatt Nr. 210 vom 31.10.07 Seite 14

(6) Bayer Material Science baut 1 500 Stellen ab Bis Ende 2009 Einsparungen von 300 Mill. Euro jährlich erwartet - Prognose für 2007 konkretisiert
aus Börsen-Zeitung, 07.11.2007, Nummer 214, Seite 12

(7) Marsch an die Spitze
aus Handelsblatt Nr. 210 vom 31.10.07 Seite 12

Impressum

Technische Kunststoffe - Wachstumsmärkte mit raffinierten Einsatzmöglichkeiten

Bibliografische Information der deutschen Nationalbibliothek

Die Deutsche Nationalbibliothek verzeichnet diese Publikation in der deutschen Nationalbibliografie; detaillierte bibliografische Daten sind im Internet über http://dnb.d-nb.de abrufbar.

ISBN: 978-3-7379-2237-1

© 2015 GBI-Genios Deutsche Wirtschaftsdatenbank GmbH, Freischützstraße 96, 81927 München, www.genios.de

Alle Rechte vorbehalten. Dieses Werk ist einschließlich aller seiner Teile – z.B. Texte, Tabellen und Grafiken - urheberrechtlich geschützt. Jede Verwertung außerhalb der Grenzen des Urheberrechtsgesetzes bedarf der vorherigen Zustimmung des Verlags. Dies gilt insbesondere auch für auszugsweise Nachdrucke, fotomechanische

Vervielfältigungen (Fotokopie/Mikroskopie), Übersetzungen, Auswertungen durch Datenbanken oder ähnliche Einrichtungen und die Einspeicherung und Verarbeitung in elektronischen Systemen.